Mis Primeras Palabras Animales

© Little Piggy Co

Todos los derechos reservados

¿Estás listo para jugar

Mis Primeras Palabras?

 el caimán

el oso

el cangrejo

el ciervo

el elefante

el zorro

la jirafa

el erizo

 la iguana

 la medusa

el canguro

el león

el mono

el narval

el búho

el pingüino

la codorniz

el conejo

la ardilla

la tortuga

el unicornio

 el murciélago

la ballena

el pez

el yak

la cebra

En joying this book?

please leave a review, we would like to hear your feedback to create better products for our clients.

thank you for your support!

CHECK OTHER BOOKS:

www.amazon.com / author / littlepiggy

Printed in Great Britain
by Amazon